Belas Letras.

FAMÍLIA VIAGEM GASTRONOMIA MÚSICA **CRIATIVIDADE**

Guardanapo é o manto dos poetas e dos músicos. É o papel mais apressado, mais à mão, para anotar uma ideia ou memorizar uma rima.

Em seu uso, existe uma transgressão, a própria negação de sua utilidade: serve para limpar a boca, só que é redirecionado para resgatar uma frase do alto teor alcoólico e dos riscos de esquecimento da ressaca.

Há um paradoxo delicioso em mudar a sua necessidade, pois o guardanapo é destinado ao descarte e acaba servindo para imortalizar instantes imprecisos da língua e declarações ansiosas de paixão. Trata-se de uma trapaça intelectual: o que era para ser fugaz permanece. A eternidade é enganada. O que era para ser amassado e posto fora fica guardado como uma prova de que a noite não foi uma invenção, muito menos os amores.

A gramatura espessa, fofa e macia oferece um desafio. Ela não é nada adequada para a escrita; a tinta falha, demora a vingar, a superfície nem sempre aceita o recado da letra. Mas, simultaneamente, traz um efeito absolutamente passional de garrancho e urgência. Não há como ser indiferente ao seu estardalhaço emocional. Pede a decifração, a teimosia dos olhos, o desejo mais atento.

Selecionei oitenta frases prediletas que se debruçam sobre os revezes do relacionamento e a busca por ser feliz e menos óbvio. Em uma época digital, o aforismo coexiste em duas dimensões: a física e a virtual. Meus rabiscos estão amontoados em cima da mesa do escritório e também circulam nas redes sociais a partir de fotografias, onde arregimentam milhões de likes e compartilhamentos. Habitam vários mundos ao mesmo tempo agora, recebendo a forma de livro como mais um plano de afeto.

Vejo os guardanapos como rótulos das garrafas de um náufrago (todo boêmio é um náufrago). Aqueles rótulos que apenas podem ser retirados quando o casco está molhado e quando a conversa entrou em um atmosfera excessivamente louca, em que ninguém entende como se chegou naquele assunto.

Que esta coleção de segredos preste uma sincera homenagem para um suporte ancestral e artesanal, que jamais perde valor na mesa dos restaurantes mais chiques e nos botecos mais bagunçados. Se não é o pai do poema (condição do livro), o guardanapo é o padrinho do poema, significou o primeiro laptop do escritor, o seu primeiro bloco de notas, a sua primeira memória salva.

A paixão transtorna,
o amor transforma.

Carpinejar

A PAIXÃO USA CRONÔMETRO, O AMOR USA RELÓGIO.

Carpinejar

A PAIXÃO ODEIA
DIFICULDADES.
O AMOR ODEIA
FACILIDADES...

Carpinejar

Paixão é não saber.
Quando se sabe é
amor.

Carpinejar

Você é o primeiro
e o último
pensamento de meu dia.

Carpinejar

AQUELA VONTADE
DANADA DE ANDAR
DE MÃOS DADAS
DURANTE O DIA
E DE PÉS DADOS
DURANTE A NOITE

Carpinejar

TEU BEIJO ME SEDUZIU,
MAS FOI TEU ABRAÇO
QUE ME FEZ FICAR.

Carpinejar

– Desejo passar o resto da vida com você.

– Não, uma vida com você nunca será resto.

Carpinejar

SÓ O AMOR NOS PERMITE
RESPONDER: "PORQUE SIM!"
ELE NÃO TEM EXPLICAÇÃO
MESMO.

Carpinejar

FIDELIDADE NÃO É SOMENTE
ESTAR COM O OUTRO, MAS
DESEJAR ESTAR COM O OUTRO.

Carpinejar

PRECISO TE ENCONTRAR.
A MINHA IMAGINAÇÃO
VEM SE ESFORÇANDO DEMAIS
PARA CONTINUAR AS LEMBRANÇAS.

Carpinejar

Só divido a culpa
depois de dividir
o prazer.

Carpinejar

O AMOR NÃO É
SOMENTE O QUE PODE
SER DEMONSTRADO.

Carpinejar

NÃO LEMBRO QUEM DISSE
O PRIMEIRO "EU TE AMO".
NOSSO AMOR JÁ EXISTIA
BEM ANTES DE NOSSO INÍCIO.

Carpinejar

ARRANCAR O SUSPIRO
DE UMA MULHER É
MAIS DIFÍCIL DO QUE
PROVOCAR O SEU GEMIDO.

Carpinejar

Enquanto dormes,
eu sonho contigo.

Carpinejar

SEDUZIR É PERGUNTAR SABENDO AS RESPOSTAS.

Carpinejar

ETERNIDADE É O QUE VOCÊ ECONOMIZOU DE TEMPO PARA GASTAR COM A SUA MULHER.

Carpinejar

ATÉ QUE A MORTE NOS SEPARE É MUITO POUCO PARA MIM. PRECISO DE VOCÊ POR MAIS DE UMA VIDA.

Carpinejar

NÃO SOMOS METADES
QUE SE COMPLETAM,
SOMOS INTEIROS QUE
SE ENCAIXAM.

Carpinejar

EXPLICAR UM AMOR
É SE ENREDAR
AINDA MAIS NELE.

Carpinejar

NOSSA ALEGRIA NÃO SIGNIFICA
QUE ESTAMOS AMANDO.
TALVEZ SIGNIFIQUE QUE
PODEMOS AMAR.

Carpinejar

QUEM PRECISA TER
CERTEZA PARA AMAR
FICARÁ O RESTO DA VIDA
SOZINHO

Carpinejar

É AMAR DE NOVO
QUE VOLTO A SER
INEXPERIENTE.

Carpinejar

NO AMOR, NÃO SE ENXERGA O QUE ESTÁ PERTO.

Carpinejar

O AMOR CONSTANTE
ILUMINA COMO UMA VELA.
O AMOR ESPALHAFATOSO
DESTRÓI COMO UM INCÊNDIO.

Carpinejar

O AMOR SEMPRE MUDA
AS REGRAS PARA A GENTE
NUNCA APRENDER A JOGAR.

Carpinejar

O AMOR SÓ SERÁ REAL SE VOCÊ FOR LEAL.

Carpinejar

O AMOR SERIA FÁCIL,
ACONTECERIA FÁCIL, CHEGARIA
FÁCIL, SE NÓS NÃO FÔSSEMOS
TÃO COMPLICADOS.

Carpinejar

NÃO ME OBEDEÇA –
AMOR É TRANSGRESSÃO.

Carpinejar

O AMOR QUE VOCÊ
ACEITA NEM SEMPRE
É O AMOR QUE VOCÊ
PRECISA E ESTÁ LONGE
DE SER O AMOR QUE
VOCÊ MERECE.

Carpinejar

QUEM PROCURA A SEMELHANÇA SÓ AMA A SI MESMO.

Carpinejar

O AMOR É ESPERAR
QUANDO JÁ DESISTIMOS.

Carpinejar

MESMO QUANDO NÃO
PODEMOS VIVER PARA
SEMPRE UM AMOR,
O AMOR PODE VIVER
PARA SEMPRE DENTRO
DE NÓS.

Carpinejar

O AMOR É TÃO ARROGANTE
QUE NÃO ACEITA
VIRAR AMIZADE.

Carpinejar

NÃO AMO PARA FAZER SENTIDO, AMO PARA PERDER OS SENTIDOS.

Carpinejar

TODA ENERGIA GASTA NUMA DISCUSSÃO PODERIA TER SIDO SEXO.

Carpinejar

MENTIR DÓI O DOBRO
PORQUE DÓI TAMBÉM
NO OUTRO.

Carpinejar

A DESILUSÃO NÃO VEM
DO EXCESSO DE ESPERANÇA,
MAS DA AMBIÇÃO. A
ESPERANÇA TEM PACIÊNCIA,
JÁ A AMBIÇÃO QUER TUDO PARA
AGORA E DO SEU JEITO.

Carpinejar

A GENTE NÃO CANSA
DE AMAR, A GENTE
CANSA DE NÃO SER AMADO.

Carpinejar

HÁ FERIDAS QUE NUNCA SE CURAM, APENAS SE ESQUECEM DE DOER.

Carpinejar

SÓ MUDAR SE O OUTRO
MUDAR NÃO É AMOR,
MAS CHANTAGEM.

Carpinejar

CONVIVER NÃO SIGNIFICA CONHECER ALGUÉM. É COMUM TERMINAR A RELAÇÃO NÃO SABENDO COM QUEM VOCÊ ESTEVE TODO O TEMPO.

Carpinejar

TRISTEZA QUE SE REPETE
É RESSENTIMENTO.

Carpinejar

FICAMOS MAGOADOS
POR POUCO PORQUE JÁ
IMAGINAMOS O RESTO.

Carpinejar

MACHUCAMOS COM A VOZ,
MAS, PARA TORTURAR
MESMO, SÓ COM O SILÊNCIO

Carpinejar

INDIFERENÇA:
NÃO MERECER UMA RESPOSTA.

DESPREZO:
NÃO MERECER NEM A PERGUNTA.

Carpinejar

SEMPRE ACHAREMOS QUE
O OUTRO ESTÁ ESTRANHO
QUANDO NÃO FAZ O QUE
DESEJAMOS.

Carpinejar

NÃO HÁ MAIOR PORRADA
PARA CALAR A BOCA
DO QUE UM BEIJO.

Carpinejar

Toda separação é um ensaio frustrado: você decora um monólogo e enfrenta um diálogo.

Carpinejar

Se o coração está inteiro é que nunca amou. Coração partido é de quem realmente se dividiu.

Carpinejar

A melhor reconciliação é a feita antes mesmo de brigar.

Carpinejar

QUEM NÃO OLHA NOS OLHOS JAMAIS VAI ESCUTAR QUALQUER EXPLICAÇÃO.

Carpinejar

QUEM DIZ TUDO O QUE
QUER JURA QUE TUDO
O QUE DIZ É IMPORTANTE.

Carpinejar

Se não temos mais
vontade de falar, já
não desejamos mais o outro.
Se não temos mais vontade
de ouvir, já não amamos
mais.

Carpinejar

NÃO USE O QUE DIGO
CONTRA MIM, MAS A FAVOR
DE VOCÊ PARA ME CONHECER
MELHOR.

Carpinejar

OS GRANDES ERROS SÃO PEQUENAS FALHAS SILENCIOSAS, QUE NÃO FORAM ASSUMIDAS E CORRIGIDAS QUANDO ACONTECERAM.

Carpinejar

NÃO SE VINGAR TALVEZ
SEJA A VINGANÇA PERFEITA.

Carpinejar

É SÓ ACREDITAR QUE
O AMOR É ETERNO E
ELE TERMINA. É SÓ ACREDITAR
QUE O AMOR TERMINOU E
ELE RECOMEÇA.

Carpinejar

A PALAVRA MANDA EMBORA
E O CORPO PEDE UM ABRAÇO.

Carpinejar

A SAUDADE ENGANA
TÃO BEM QUE PARECE
ATÉ AMOR

Carpinejar

Na briga, pense que a sua companhia não é ruim, é apenas um momento, logo passa.

Carpinejar

Você tem a última palavra,
eu tenho o último beijo.

Carpinejar

É CORAJOSO PEDIR PERDÃO,
MAS É MAIS CORAJOSO AINDA
ACEITAR O PERDÃO.

Carpinejar

O MEDO DE SOFRER
NO AMOR É O MESMO
MEDO DE SER FELIZ
COMO NUNCA ANTES.

Carpinejar

NÃO PRECISO DE NENHUMA
RAZÃO PARA ACORDAR
DE BOM HUMOR, JÁ SOU
AGRADECIDO POR ESTAR VIVO.

Carpinejar

Pode tentar me queimar,
eu sou feito de fogo.

Carpinejar

Serei feliz quando o "eu posso", o "eu devo" e o "eu quero" acontecerem ao mesmo tempo.

Carpinejar

PREFIRO UM INFERNO
COM OS MEUS AMIGOS
A UM PARAÍSO SOZINHO.

Carpinejar

O HOMEM DISFARÇA
O QUE SENTE ATÉ
PARA SI MESMO.

Carpinejar

FAZER TUDO PARA AGRADAR
É O CAMINHO MAIS
RÁPIDO PARA A REJEIÇÃO.

Carpinejar

O PROBLEMA NUNCA
É O QUE ACONTECE, MAS
A FORMA COMO ACONTECE
DENTRO DE CADA PESSOA.

Carpinejar

Se alguém me achar,
devolva-me.

Caio Fernando Abreu

NÃO PERGUNTE O MOTIVO
DE MINHA FELICIDADE
QUE JÁ FICO TRISTE.

Carpinejar

Se errar é azar, se
acertar é sorte, se
amar é destino, você
é vítima da vida
e ainda não fez nada.

Carpinejar

Depois de ser mãe,
você não tem mais
pressa para ser feliz.

Carpinejar

Nunca sei o que levo
do outro, nunca sei
o que deixo de mim.
Descubro o objetivo de
tudo muito tempo depois.

Carpinejar

Você somente se escuta
quando é amado, você
somente percebe o seu
valor se é amado.
Precisamos do amor até
para conhecer a própria
solidão.

Carpinejar

Solidão é quando
não tenho mais
medo de mim.

Carpinejar

Que o próximo ano
não me traga nada,
deixa que eu busco.

Carpinejar

Este livro é o resultado de um trabalho feito com muito amor, diversão e gente finice pelas seguintes pessoas:

Gustavo Guertler (edição), Fernanda Fedrizzi (coordenação editorial), Germano Weirich (revisão) e Celso Orlandin Jr. (capa e projeto gráfico).

Obrigado, amigos.

Editora Belas-Letras Ltda.
Rua Coronel Camisão, 167
CEP 95020-420 – Caxias do Sul – RS
www.belasletras.com.br

Dados Internacionais de Catalogação na Fonte (CIP)
Biblioteca Pública Municipal Dr. Demetrio Niederauer
Caxias do Sul, RS

C298L Carpinejar, Fabrício
Liberdade na vida é ter um amor para se prender / Fabrício Carpinejar. _Caxias do Sul, Belas Letras, 2017.
164 p.

ISBN: 978-85-8174-359-2

1. Literatura brasileira. Poesia. I. Título.

17/59 CDU 821.134.3(81)-1

Catalogação elaborada por
Maria Nair Sodré Monteiro da Cruz CRB-10/904